ERNST LÜSCHER

Heraus mit der Schere!

Wegleitung und Anregungen
zu Scherenschnitten
mit Beispielen
aus der Sekundarschule Staffelbach

VERLAG PAUL HAUPT BERN UND STUTTGART

MEINEN EHEMALIGEN SCHÜLERN

Der Verfasser

Umschlagentwurf: Bruno Scarton, Bern

Die Fotos verdanken wir: Janett, Wettingen (Bilder 2 und 3) und Müller, Schöftland (Bilder 1 und 16 bis 23)

ISBN 3-258-02911-3

2. durchgesehene Auflage

Zum Geleit

Mit dem Erscheinen dieser Scherenschnittsammlung erfüllt sich für viele meiner ehemaligen Schüler der Wunsch, dies oder jenes Werklein gedruckt wiederzufinden. Außerdem drängten mich seit langem Kollegen und weitere Interessenten, einen Querschnitt durch unsere immer bekannter gewordene «Kleine Kunst» und eine Anleitung dazu zu veröffentlichen. Auch ihnen möchte ich den Gefallen tun und damit dem Scherenschnitt die Möglichkeit bieten, in unseren Volksschulen und in den Familien vermehrt zu Ehren zu gelangen und gepflegt zu werden. Schließlich aber ist es das freundliche Entgegenkommen des Verlages Paul Haupt in Bern, das den längst gehegten Plan verwirklichen ließ. Dem Verleger, aber auch seiner Frau Heidi Haupt-Battaglia, die die Schnitte für das «Schaubuch» auswählte, bin ich zu großem Dank verpflichtet. Das Buch enthält ausschließlich Arbeiten der Sekundarschule Staffelbach, d. h. von Kindern im Alter von 12 bis 15 Jahren. Hans Köchli, Redaktor der Zeitschrift «Handarbeit und Schulreform», würdigte in der Mainummer 1965 unser Scherenschnittschaffen ausführlich. Er schreibt unter anderem:
«Die Kunst des Scherenschnittes ist heute bei weitem nicht mehr so verbreitet wie im letzten und vorletzten Jahrhundert, als bekannte Maler und Grafiker sich ihrer bedienten und der Freiburger Köhler und Taglöhner Johann Jakob Hauswirth (1808—1871) seine wundervollen Alpaufzüge, Blumenmatten und Waldszenen schnitt. Um so verdienstvoller ist es, daß einzelne diese alte Schweizer Volkskunst von neuem pflegen.»
Er nennt Christian Schwizgebel in Lauenen bei Gstaad und erwähnt im selben Atemzug unsere Staffelbacher Sekundarschule – ein bißchen viel der Ehre!
Der Name des Dorfes Staffelbach sei ihm, schreibt Hans Köchli weiter, schon in früher Jugend begegnet, als sich Schüler der Sekundarschule Staffelbach an jedem Scherenschnittwettbewerb des Pestalozzikalenders oder des «Schweizer Kamerad» beteiligten und so oft unter die ersten Preisträger gerieten, daß die Preisausschreiben im «Schatzkästlein» schließlich eingestellt wurden, weil sich niemand mehr mit den Staffelbachern messen wollte. Als Mann mit bereits ergrauten Haaren sei er erstmals in das Dorf gekommen:
«Ich fand es an einem warmen Apriltag im Suhrental, abseits der Heerstraße, verträumt, halbwegs zwischen Schöftland und Attelwil. In der Talebene wurde geeggt, gewalzt, mit dem Pferdegespann die Erde umgebrochen, Mist und Jauche ausgeführt, an den Hängen weideten Schafe, in den Bauerngärten blühten Krokus, Schlüsselblumen, Tulpen. Viele Hühnerhöfe. Eine Schmiede. Alte Brunnen. Eines der stillen Bauerndörfer, die es heute immer noch gibt.
Von diesem Dorf und auch aus Nachbargemeinden sind es zwei volle Generationen, die die Sekundarschule Staffelbach besuchten und mit Schere und Papier vertraut wurden. Die Scherenschnitte, die ich aus Staffelbach heimbrachte, scheinen mir jetzt das Dorf widerzuspiegeln. Da finden wir die Maßarbeit und die Ausgewogenheit der alten Bauern-

häuser, den Duft von Blumen und Efeukränzen, das Zwitschern der Vögel im Lebhag. Sind das nicht Anfänge echter Volkskunst?

Die meisten Staffelbacher Scherenschnitte sind als Zwischenarbeit entstanden. Wenn ein Schüler mit seinen Rechnungen oder seinem Thème fertig war, griff er ganz selbstverständlich zu Schere und Papier und ließ seiner Phantasie freien Lauf. Meistens wurden die Formen leicht vorgezeichnet, oft aber entstanden sie gleich unter der Schere. Da die drei Sekundarklassen ungeteilt unterrichtet wurden, übertrug sich die Technik des Scherenschnittes ohne viel Worte Jahr für Jahr von den erfahrenen älteren Schülern auf die Neulinge. Heute versteht sich das ganze Dorf darauf. Albumblätter, Neujahrskärtchen, Verlobungsanzeigen werden häufig mit eigenen Scherenschnitten geschmückt. Bloße Abbildungen können den Reiz der Schnitte nie ganz wiedergeben. Man müßte die dünne schwarze Papierfolie, die feinen Bänder, Umrisse und Einlagen, Blütchen und Blättchen betasten können. Man müßte sich vergegenwärtigen, wie der Scherenschnitt entstanden ist, mit wieviel handwerklichem Geschick, äußerster Konzentration, Ausdauer, mit wieviel Lust und Liebe zum Kleinen und Feinen. Jedes Blatt war einmal schwarz, und die Schere hat sich da hineingehext und das Schwarz in einem unwahrscheinlichen Geduldspiel in ungezählte zusammenhängende Formen aufgelöst. Daß von den vielen Tausend kostbaren Schnitten – wie mir versichert wurde – kaum einer beim Aufkleben beschädigt worden ist, kann nur der von den Staffelbachern eigens entwickelten Klebetechnik zu verdanken sein.»

Diesem Bericht, der alles Wesentliche in Kürze zusammenfaßt, will ich noch ein paar wegweisende Erklärungen beifügen.

1 Klassenzimmer am Ende des Schuljahres

Wie wir zur Pflege des Scherenschnittes gekommen sind

In erster Linie ging es mir darum, neben der Entfaltung geistiger und seelischer Kräfte, die Hand der mir anvertrauten Kinder durch die verfeinernde Arbeit mit der Schere zu einem tauglichen Werkzeug auszubilden. Im spätern Beruf, hauptsächlich im handwerklichen, konnte sich dies segensreich auswirken. Die Schweiz ist ja das Land der Präzision, was schon die Schule dazu verpflichtet, die Fertigkeit der Hand zu entwickeln und zu verfeinern. – In unserem Bestreben wurden wir unterstützt durch die Schülerzeitschrift «Schweizer Kamerad», die uns von Zeit zu Zeit mit ihrem trefflichen Aufruf: «Heraus mit der Schere!» aus dem Busch klopfte und zu gezieltem Schaffen herausforderte. Die schönen Erfolge unseres Mitmachens spornten zu weiteren Taten an, und so wurde der Scherenschnitt in den folgenden vier Jahrzehnten unsere Passion. Da diese Kunstform in der Unterstufe nicht gepflegt wurde, gab es auch keine «Teufelchen» auszutreiben. Und selbstverständlich durfte der eigentliche Zeichenunterricht mit der Anwendung von Farben durch das Schneiden nicht zu kurz kommen. Im Be-

2 Der Scherenschnitt als Zwischenarbeit nach erfüllter schriftlicher Aufgabe

richt von Hans Köchli ist bereits gesagt worden, daß die meisten Schnitte als Zwischenarbeiten entstanden sind, und besonders interessierte Schüler konnten es nicht lassen, in ihrer Freizeit und am Feierabend ihre Werklein zu vollenden. Daß durch die stille, selbstverständliche Beschäftigung nach erfüllter schriftlicher Aufgabe der Unterricht in den mündlich beschäftigten Klassen in keiner Weise gestört wurde (was sonst leicht hätte der Fall sein können), darf als wohltuende Tatsache vermerkt werden. Es versuchten sich stets alle Schüler, auch die unbeholfenen, im Scherenschnitt, und nach kurzer Zeit kam bei jedem etwas Brauchbares heraus: die ungläubigsten Gesichter strahlten! Die Knaben standen den Mädchen in ihren Leistungen in keiner Weise nach. Sie unterschieden sich bloß etwa durch ihre mehr «männlichen» Motive. Jeder Schüler entwickelte in seinen Schnitten seinen ganz besonderen Stil, so daß die Arbeiten auch ohne Nennung des Namens meist ihren Schöpfer verrieten.

3 Die Knaben standen den Mädchen in keiner Weise nach

Sinn und Zweck des Scherenschnittes

Der Scherenschnitt kommt einem innern Bedürfnis des Kindes entgegen; denn das Hantieren mit der Schere ist eine seiner Lieblingsbeschäftigungen. Bereits das Kleinkind macht sich gerne mit der Schere zu schaffen; stundenlang kann es dabei verweilen. Geben wir darum auch in der Schule dem Kinde die Möglichkeit lustbetonter Betätigung!

Die Übung im Scherenschnitt fördert einerseits rein handwerkliche Fertigkeiten, andererseits aber können damit weitere Ziele verfolgt und erreicht werden: Gute Flächengestaltung, Festigung des Formgefühls, Bildung des Geschmacks, Ausgewogenheit, Erziehung zur Geduld, Einfachheit und Klarheit, Üben der Konzentration. Daneben wollen wir das Wichtigste nicht vergessen: die Gnade schöpferischen Ausdruckes, die einzelnen Kindern geschenkt ist und sie künstlerisch reifen und innerlich reicher werden läßt.

Material und Werkzeug

Unser Scherenschnittpapier ist so dick wie ein Heftblatt, auf der einen Seite schwarz und auf der andern weiß, matt, glatt, ungummiert und ziemlich zähe. Glanzpapier bricht gerne und eignet sich nicht für feine Schnitte. Ebenso sind beidseitig schwarze Papiere nicht zu empfehlen: das Arbeiten mit ihnen strengt die Augen zu sehr an. Meister des Scherenschnittes, die nicht auf eine Vorskizzierung angewiesen sind, sondern ihre Werke spontan mit der Schere schneiden, mögen sich ihrer bedienen, nicht aber die Schüler. Von Zeit zu Zeit haben wir auch mit bunten Chromopapieren gearbeitet, sind aber immer wieder zurückgekehrt zum klassischen, diskreten Schwarzschnitt. Daneben pflegten wir noch den Weißschnitt, der das Filigran des Scherenschnittes auf schwarzem Grunde besonders gut wirken läßt.

Als Trägerblatt zur Aufnahme des Schnittes dient am besten ein kräftiges, weißes oder leicht getöntes, glattes Papier (Fotokarton).

Zum Schneiden eignet sich jede spitze Schere. Es ist hauptsächlich darauf zu achten, daß beide Schneiden genau gleich lang sind. Wird ein Blatt nicht oder bloß einmal gefaltet, und soll ein besonders feiner Schnitt entstehen, so ist für die Bearbeitung die sogenannte Scherenschnittschere mit langen «Hebeln» und kurzen Schneiden am Platze; für mehrere Lagen aber ist sie zu schwach (Bild 4).

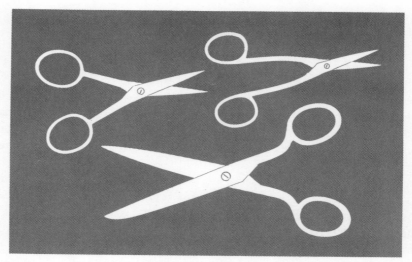

4 Unsere Arbeiten wurden ausschließlich mit Scheren geschnitten, wie sie hier abgebildet sind. Oben links: gebräuchlichste Schere für Faltschnitte bis zu 8 Schichten. Oben rechts: eigentliche Scherenschnittschere zum Schneiden von ein bis zwei Schichten. Unten: gewöhnliche Hausschere zum Zurechtschneiden des Papiers und für einfache Raumaufteilung. [Maßstab 1:2]

Unsere Schnitte sind ausschließlich mit der Schere verfertigt worden. Selbstverständlich können auch scharfe Messerchen, Schneidefedern und Rasierklingen oder Splitter davon zum Schneiden dienen; sie sind aber für das Kind nicht ungefährlich.

Die Technik des Scherenschnittes

Sie ist äußerst einfach. Am besten zeigt man an ein paar Beispielen den Unterschied zwischen einer bloßen Zeichnung und einem Schnitt. Der Schnitt muß nämlich zusammenhalten wie ein Gewebe. Er darf nicht auseinanderfallen. Zum Aufzeichnen der Motive auf die weiße Seite des Scherenschnittblattes – als Wegleitung für die Schere – wird ein weicher Bleistift verwendet. Die Skizze soll klar, braucht aber nicht vollständig zu sein. Die Schere wird die Einzelheiten im Schnitt besser hervorbringen als der Stift und oftmals von der Zeichnung abweichen.

Auf einem Stück weichen Kartons als Unterlage werden die Zwischenräume mit einer Spitze der Schere durchstochen. Von diesen Punkten aus können die Schneiden leichter vordringen. Im weitern ist darauf zu achten, daß das Blatt der Schere entgegenzudrehen ist, daß stets mit dem schwierigsten Teil begonnen wird und daß – vor allem bei zwei und mehr Papierschichten – die Schneiden der Schere rechtwinklig zum Papier geführt werden.

Bevor ich auf die einzelnen Arten des eigentlichen Scherenschnitts eingehe, möchte ich den

Silhouettenschnitt

behandeln, wie wir ihn von Zeit zu Zeit zur großen Freude der Kinder als «Schatten unserer Schule» angefertigt haben. Dazu nehmen wir die Sonne zu Hilfe. (Im verdunkelten Raum kann es irgend eine Lichtquelle sein). Das Kind setzt sich seitwärts auf einen Stuhl. Dahinter wird ein Reißbrett mit einem darauf befestigten Packpapier möglichst im rechten Winkel zu den einfallenden Strahlen aufgestellt. Ein Kamerad fährt nun mit einem Bleistift dem Schatten des Modelles nach. Dann wird der Umriß durch eine Rahmenlinie abgegrenzt und das entstandene Rechteck in Quadrate von 2 cm Seite aufgeteilt (Bild 5 a). Zur Verkleinerung z. B. auf die Hälfte zeichnen wir auf die weiße Seite eines Scherenschnittblattes Quadrate von 1 cm Seite und übertragen die Schnittpunkte des Schattenrisses mit den Linien des Teilungsnetzes entsprechend vom großen auf das kleine Blatt (Bild 5 b). Der durch die Verbindungslinie ergänzte verkleinerte Schattenriß wird nun mit der Schere ausgeschnitten (die Rahmenlinie darf man ohne weiteres weglassen) und auf ein kräftiges Papier geklebt (Bild 5 c). Selbstverständlich kann man durch ein-, zwei- oder dreimaliges Falten eines genügend großen Papiers gleichzeitig zwei bis acht Bilder ausschneiden, wovon die Hälfte seitenverkehrt erscheint. Daß die so entstandene «Fotografie» jeweils mit besonderem Stolz nach Hause getragen wird und hernach gar die ganze Familie vom frischgebackenen Silhouettenkünstler auf gleiche Weise konterfeit sein will, sei nur am Rande vermerkt.

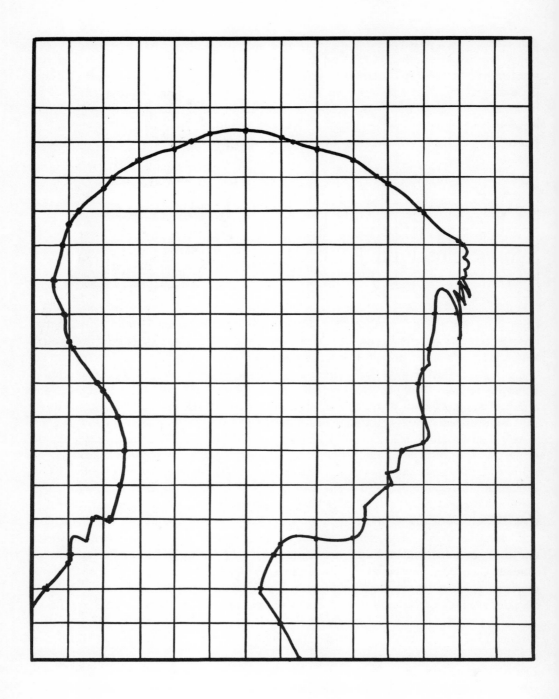

5a Der nachgezeichnete lebensgroße Schatten des Modells wird durch ein Rechteck abgegrenzt und mit einem Quadratnetz überzeichnet (Seite eines Teilquadrates = 2 cm)

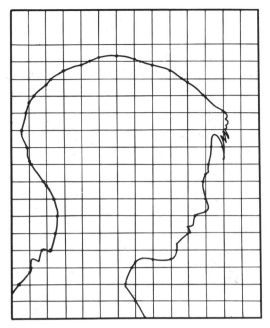 

5 b Die weiße Seite eines Scherenschnittblattes teilt man in Quadrätchen von 1 cm Seitenlänge ein. Wenn man nun darauf die Schnittpunkte des Originals entsprechend überträgt, erhält man eine Silhouette im Maßstab 1 : 2

5 c Ausgeschnittener Umriß von Bild 5 b

Wenn in der Schule der doppelte Faltschnitt oder

Zentralschnitt

am häufigsten ausgeführt wird, so deshalb, weil hier wirklich alle Schüler mitmachen können. Ein Quadrat wird entweder über die Achse (Bild 6a) oder diagonal (Bild 7a) zweimal gefaltet. Im ersten Falle entstehen vier aufeinander liegende Quadrate (Bild 6b), im zweiten sind es Dreiecke. Durch nochmaliges Falten wiederholt sich das Motiv auf dem fertigen Schnitt acht- statt bloß viermal (Bilder 8a und b). Acht Schichten (dreimalige Faltung) sind aber etwas viel, auch für eine robuste Schere, und das Gelingen ist von Anfang an in Frage gestellt.
Die Abbildungen zeigen, wie auf dem einen weißen Außenteil – beim Quadrat auf den offenen Seiten, beim Dreieck auf der Hypothenuse – eine gerade oder bewegte Randlinie gezeichnet und dann die Fläche mit Motiven ausgefüllt wird.
Selbstverständlich kann man auch andere regelmäßige Flächen, wie Kreise, Rechtecke (Bilder 9a und b) usw. als Zentralschnitte lösen.

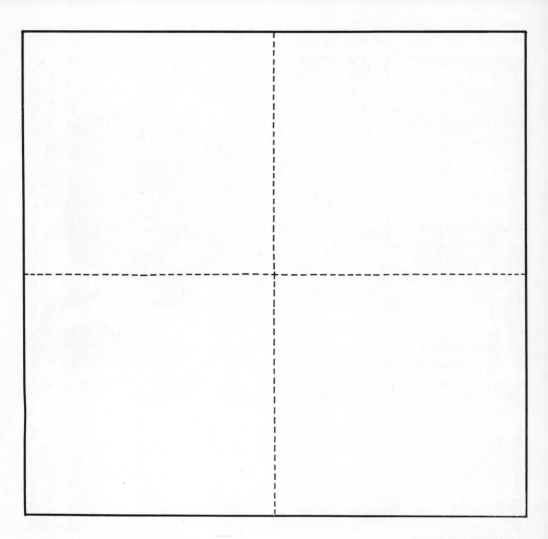

6a Faltung eines Quadrates über die Achse

6b Schichtung des gefalteten Quadrates
mit Zeichnung auf dem Teilquadrat

6c Schnitt 6b entfaltet

7a Faltung über die Diagonale mit Zeichnung auf einem Teildreieck

7b Schnitt 7a entfaltet

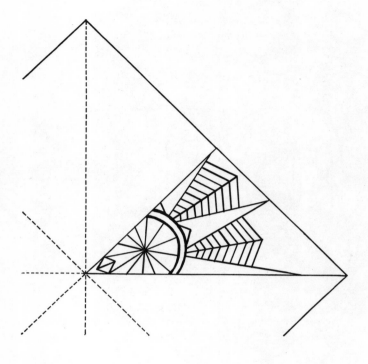

8a Dreimaliges Falten eines Quadrats und Zeichnung auf einem Achtelteil

8b Schnitt 8a entfaltet

9a Faltung eines Rechtecks als Zentralschnitt mit Teilzeichnung

9 b Schnitt 9a entfaltet

Weil das Aufteilen eines ganzen Bogens Scherenschnittpapier im Maße von 50 × 70 cm Rechtecke von 17,5 × 25 cm ergibt, bleibt beim quadratischen Zentralschnitt jeweils ein Band übrig, das als Fries zum Hauptschnitt gestaltet werden kann (Bilder 10a und b, 11a und b).

10a Fries zum Hauptschnitt 6 c. Teilzeichnung

10b Fries 10a entfaltet

18

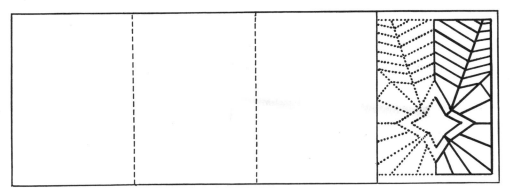

11a Fries zum Hauptschnitt 8b. Die Darstellung zeigt, daß das Band statt zweimal (4 Schichten) auch dreimal (8 Schichten, [ausgezogene Zeichnung]) handorgelförmig gefaltet werden kann

11b Fries 11a entfaltet

Damit haben wir bereits den

Symmetrieschnitt

ausgeführt, wie er in bloß einfacher Längs- oder Querfaltung erscheint (Bilder 12, 13a und b).

12a Symmetrieschnitt,
Format 17,5 × 12,5 cm längsgefaltet. Teilzeichnung

12b Schnitt 12a entfaltet

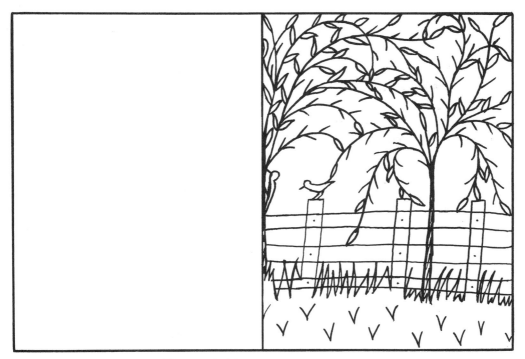

13 a Symmetrieschnitt quergefaltete Teilzeichnung

13 b Schnitt 13 a entfaltet

Es bleibt nun noch der bildmäßige oder

Freie Schnitt

übrig, bei dem das Blatt nicht gefaltet wird (Bilder 14, 15 a, b).

14a Freier Schnitt. Hochformat 17,5 × 12,5 cm.
Zeichnung seitenverkehrt.

14b Schwarze Schnittseite

15a Freier Schnitt, Querformat 17,5 × 12,5 cm. Zeichnung seitenverkehrt

15b Schwarze Schnittseite

23

Vom Aufkleben der Scherenschnitte

Zum Aufkleben wird ein Zellkleister (z. B. Perfax) verwendet, wie er auch zum Aufziehen von Tapeten gebraucht wird. Das Pulver wird im Verhältnis 1:50 in Wasser gelöst. Dieser ergiebige Kleister hat den Vorteil, daß er nicht verdirbt; eingetrocknet kann er immer wieder verdünnt und gleich weiterverwendet werden. Er ist auch völlig farblos und zieht nicht zu rasch an.

Wählen wir zum Aufkleben einen doppelten Faltschnitt mit Fries! Ein Schablonenblatt aus kariertem Zeichenpapier von gleicher Größe wie das Trägerblatt wird mit einem Achsenkreuz und eventuellen weiteren Fixierpunkten versehen. Nun legen wir den Schnitt mit der schwarzen Seite nach unten auf eine Zeitung und kleistern ihn auf der Rückseite ein, als ob es eine ganze Fläche wäre. Dabei braucht man gar nicht zimperlich vorzugehen, wenn man ihn mit der einen Hand festhält und mit der andern den Borstenpinsel flach immer in der gleichen Richtung führt. Sind alle Stellen gleichmäßig mit

16 Zum Aufkleben eines Scherenschnittes braucht es: Kleister, Pinsel, Zeitungs-, Schablonen-, Träger- und Anreibblatt und eine spitze Schere

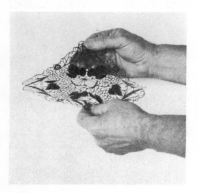

17 Es ist zu empfehlen, den Zentral- und Symmetrieschnitt erst unmittelbar vor dem Aufkleben zu entfalten

18 Die schwarze Seite nach unten, wird der Schnitt auf ein Zeitungsblatt gelegt und mit einem Pinsel eingekleistert

19 Mit einer spitzen Schere hebt man die Ränder links und rechts, damit diese mit Daumen und Zeigefinger leicht gefaßt werden können

20 Jetzt hebt man den Schnitt, mit der gekleisterten Fläche nach oben, über das Achsenkreuz des Schablonenblattes und schiebt ihn mit der Scherenspitze in die gewünschte Lage

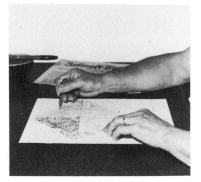

21 Ist das Trägerpapier nach Bild 24c aufgelegt, wird mit der Hand leicht darüber gestrichen

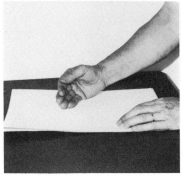

22 Der Schnitt haftet nun auf dem Trägerpapier. Er wird nachgeprüft und nach Auflegen eines unbedruckten Blattes von der Mitte aus endgültig angerieben

23 Gehört zum Hauptschnitt noch ein Fries, so wird dieser auf gleiche Weise in einem besonderen Arbeitsgang hinzugefügt

Kleister versehen, werden die Ränder links und rechts mit der Scherenspitze etwas gelöst, angefaßt und vorsichtig gegen die Mitte hin von beiden Seiten her abgehoben. Jetzt legen wir den Schnitt mit der Klebfläche nach oben auf das Schablonenblatt in die ungefähr richtige Lage. Mit der geschlossenen spitzen Schere wird er noch so zurechtgerückt, bis seine Faltlinien mit dem Achsenkreuz übereinstimmen und der ganze Schnitt plan liegt (Bild 24a). Die restlichen Handgriffe sind sehr einfach: Der linke Rand des zur Aufnahme des Schnittes bestimmten Trägerpapieres (Bild 24b) wird mit demjenigen der Schablone in Übereinstimmung gebracht (Bild 24c), das rechts noch aufgebogene Blatt über den Schnitt langsam gesenkt, mit der Hand von der Mitte aus nach den Rändern gestrichen und abgehoben. Der Schnitt haftet nun am Trägerpapier und wird, nachdem wir ihn überprüft und eventuell verletzte Stellen zurechtgebogen haben, mit einem unbedruckten Papier überdeckt und endgültig angerieben. Es empfiehlt sich, die Schnitte noch zwischen zwei Kartons zu pressen, damit sie sich beim Trocknen nicht biegen. Sollten einzelne Teile noch nicht haften, so kann man sie nachträglich mit einem einseitig mit Kleister versehenen Papierstreifen unterkleben und einzeln festreiben. Der zum Hauptschnitt gehörende Fries wird in einem besondern Arbeitsgang in gleicher Weise auf die Schablone übertragen und abgezogen. Dieses Vorgehen gewährleistet wie kein anderes jede gewünschte Lage des Schnittes auf dem Trägerblatt (Bild 24a). Die Schablone bleibt weiter verwendbar.

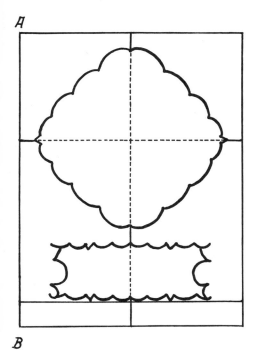

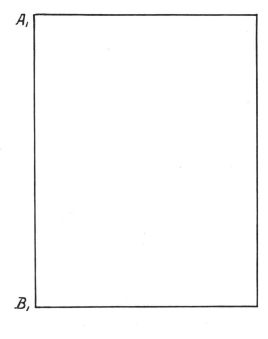

24a Schablone mit gekleistertem Schnitt

24b Untergrund- oder Trägerpapier

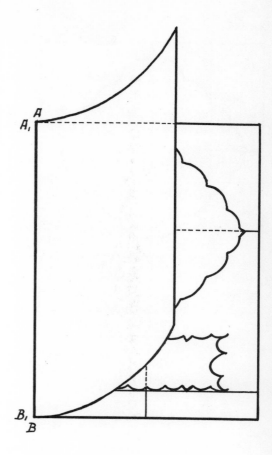

24c Abheben des Schnittes durch
     Auflegen des Untergrundpapieres

24d Abgehobener Schnitt

Obwohl für unsere Art Schnitte keine andere Aufklebetechnik als die eben beschriebene in Frage kommt, möchte ich noch auf eine hinweisen für den Fall, daß der Schnitt nicht zusammenhält, sondern viele freiliegende Teile aufweist. Dann legt man ihn, statt auf ein Schablonenblatt, mit der Rückseite nach oben auf einem Löschpapier zurecht. Nun kleistert man nicht den Schnitt, sondern die Aufnahmefläche des Trägerpapieres ein. Das Abziehen erfolgt gleich, wie es in Bild 24c gezeigt worden ist. Das Fließblatt saugt den überflüssigen Kleister auf, und der haftende Schnitt kann nach sorgfältigem Wegheben fertig angepreßt werden. Nachteile dieser Art des Aufklebens sind eine mögliche Verschiebung des Schnittes beim Auflegen des bekleisterten Blattes, ein eventuelles Verschmieren der unbedeckten Stellen und bloß einmalige Verwendungsmöglichkeit des Schablonenlöschblattes.

Wohl könnte eine plastischere Wirkung erzielt werden, wenn der Schnitt nur an einigen äußeren Stellen befestigt würde, weil sich dann auf dem Hintergrund Schlagschatten abzeichnen. Aus Erfahrung empfehle ich aber doch, sofern der Schnitt nicht unter Glas gelegt werden kann, das vollständige Aufkleben der fertigen Arbeit, da sonst leicht freiliegende Teile abreißen und verloren gehen.

Anwendungsmöglichkeiten des Scherenschnittes

Der Scherenschnitt eignet sich vorzüglich als Geschenk: Lesezeichen für Geschwister, Glückwünsche für Vater und Mutter, Karten und Briefköpfe für Freunde, Einladungen zu Festen, Tischkärtchen bei besonderen Anlässen, Widmungsblätter, Patenbriefe, Kondolenzkarten, Transparente usw. Die Anwendungsmöglichkeiten sind gar nicht auszuschöpfen. Zwei Beispiele möchten dies verdeutlichen:

Glückwunschkarten

Das Jahr bietet immer wieder Gelegenheiten, Glückwünsche anzubringen. Erinnern wir uns bloß des Jahreswechsels! Zu keiner andern Zeit denken die Menschen so viel aneinander, wie beim Übergang vom alten ins neue Jahr. Der Kitschkärtchen sind Legion. Wieviel schöner nimmt es sich aus, wenn dem Glückwunsch durch einen Scherenschnitt eine persönliche Note verliehen werden kann. Wird der Beschenkte nicht in besonderem Maße geehrt, wenn für ihn etwas Eigenes geschaffen worden ist? Zum neuen Jahr streut man seinen Lieben gerne Blumen auf den Weg. Fruchttragende Pflanzen schließen den Wunsch in sich, es möchten Früchte der Arbeit sichtbar werden. Der Baum verkörpert gesunde Kraft. Der Reigen deutet auf frohe Geselligkeit, und der Kaminfeger, das Hufeisen und das vierblättrige Kleeblatt erfahren auch im Scherenschnitt als volkstümliche Glückssymbole ihre Bestätigung. Die eingebaute Schrift leitet die Kinder gerne vom Faltschnitt zum freien Schnitt, weil im Band jeder Buchstabe einzeln geschnitten werden muß.

Kuchenschablonen

Eine andere Verwendung, die viel Freude bereitet, ist das Schneiden von Kuchenschablonen zu den Festen des Jahres, vor allem auf Weihnachten. Zuerst wird der Durchmesser der eigenen Springform ermittelt. Je nach der Zahl der gewünschten Motivwiederholungen wird das Blatt durch den Kreismittelpunkt zwei- bis dreimal gefaltet. Auf den entstandenen Sektor werden nun weihnachtliche Motive wie Tännchen, Kerzen, Sterne, Engel, usw. entworfen und miteinander verbunden. Halbgezeichnete Figuren an den Falträndern verwandeln sich im entfalteten Schnitt zu symmetrisch ganzen und erleichtern die Arbeit wesentlich. Vor dem Schneiden empfiehlt es sich, die Papierschichten durch eine Büroklammer oder einen Klebstreifen zusammenzuhalten, damit sie sich nicht verschieben. Bis der Schnitt fertig vorliegt, sollte er, wie übrigens alle Faltarbeiten, nicht geöffnet werden, da es schwer hält, die Konturen wieder genau aufeinander zu legen. Es kommt der große Augenblick des Auseinanderfaltens: Der ausgebreitete Schnitt, auch der einfachste, birgt immer eine Überraschung. Die entstandene Kuchenschablone erzeugt ein positives oder negatives Bild, je nachdem, ob sie auf hellem Kuchengrunde dunkel oder auf dunklem hell ausgestreut wird. Wenn das verwendete Packpapier dünn ist, läßt sich der Schnitt weniger oft verwenden. Er wird aber zur Dauerschablone, wenn wir ihn auf ein steifes Papier kleben und plan nochmals nachschneiden.

Zum Abschluß

Blumen oder andere Pflanzenmotive regen das Kind ganz besonders zur ornamentalen Darstellung an. In unseren Arbeiten kommen sie in allen möglichen Variationen immer wieder vor.

Die Gestaltung von Mensch und Tier im Schnitt ist viel schwieriger und würde einen systematischen Aufbau voraussetzten. Immerhin zeigen vor allem die Märchenbilder, daß begabten Schülern auch ganz konkrete Aussagen gelingen können.

Reizvoll sind auch Versuche auf dem Gebiet der Werbung. Aber ich möchte aus naheliegenden Gründen darauf verzichten, Beispiele abzubilden. Daneben gibt es Arbeiten, die zeigen, daß vom Scherenschnitt auch ein Weg zur Schmiedekunst führen kann.

Aus Mangel an Zeit, und um die übrigen Techniken des Zeichenunterrichts nicht zu vernachlässigen, war es mir nie möglich, die Scherenschnitt-Gestaltung in ihrer Vielfalt methodisch aufzubauen. Ich habe aber feststellen können, daß dies auch gar nicht nötig ist, da das Zeichnen an sich schon die richtige Ausgangslage schafft. Für den Scherenschnitt wirkte ich als Anreger, der die Bedingungen zum guten Gelingen zu schaffen hatte; das Künstlerische sollte im Kinde selbst entspringen. Die Scherenschnittkunst gleicht einer fremden Sprache: je mehr sie geübt wird, desto vollendeter wird sie beherrscht.

Das Buch ist für Kinder und Erwachsene gedacht, die sich an der Vielfalt der kindlichen Phantasie freuen und sich vielleicht selber von einer alten Volkskunst wieder anregen lassen möchten. Die gezeigten Schnitte sollen für sich sprechen. Sie sind ureigenstes Gewächs, reine Kinderarbeiten, originell und ohne Anlehnung an Vorbilder. Die Scherenschnitte der bekannten Meister – R. W. Hus, Johann Jakob Hauswirth, Louis Saugy, Christian Schwizgebel oder David Regez – wurden den Kindern bis zum Schulaustritt absichtlich vorenthalten, um sie in ihrem kindlichen Vorstellungsvermögen nicht zu beeinflussen und um bloße Nachahmung der Großen zu vermeiden. Die Schüler sollten den eigenen Kräften vertrauen und aus den Gegebenheiten des Alltags in kindlicher Auffassung Neues schaffen. So finden wir denn unter den vielen tausend Schnitten, die im Laufe meines Schuldienstes entstanden sind, meines Wissens keine Kopien fremder Formen und nicht zwei gleiche Ausführungen eines Motivs.

Diesen schöpferischen Reichtum in einem ausgewählten Querschnitt zu zeigen, ist somit eine weitere Absicht des Verfassers.

Zu jeder Zeit hat der Mensch das Bedürfnis und auch die Fähigkeit gehabt, mit seinen Händen etwas Schönes zu schaffen. Trotz des beispiellosen Vormarsches der Technik – oder vielleicht gerade deswegen – wird sich das bildnerische Tun nicht unterdrücken lassen. Trauen wir daher unseren eigenen Kräften etwas zu! So unscheinbar es sein mag, es kann für unser Leben wertvoll sein! Der schöpferische Wille zur Form schlummert in uns allen; er wartet nur auf den Weckruf. Vielleicht vermag die «Kleine Kunst», wie ich dieses Buch ursprünglich habe nennen wollen, ihn da und dort zu geben. Dann: «Glückauf zum Scherenschneiden!»

Und nun: Heraus mit der Schere!

Silhouettenschnitte

Zentralschnitte

Zentralschnitte mit Fries

Zentralschnitte mit Fries

Zentralschnitte mit Fries

Zentralschnitte mit Fries

Zentralschnitte mit Fries

Symmetrieschnitte

Symmetrieschnitte

Symmetrieschnitte

Symmetrieschnitte

Symmetrieschnitte

Faltschnittbänder

Freie Schnitte

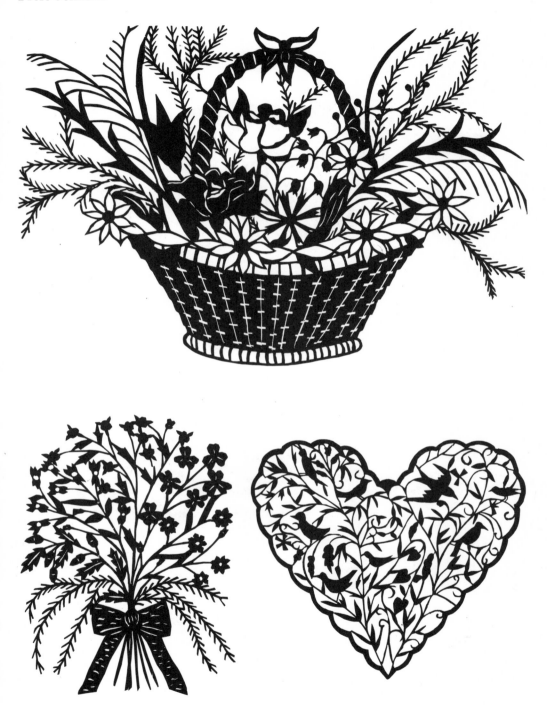

Kuchenschnitte

Kuchenschnitte

Kuchenschnitte

Inhaltsverzeichnis